Vorstand

Volksbank-Raiffeisenbank
Memmingen-Unterallgäu eG

87700 Memmingen · Maximilianstraße 24

Niederlassungen und Zweigstellen
im Landkreis Unterallgäu und in Memmingen

Telefon (0 83 31) 82 00-0
Telefax (0 83 31) 8 10 11

Internet: http://www.vbrb-mm.de
e-Mail: info@vbrb-mm.de

28. Februar 2002

ZEUGNIS

Herr Bernd Schubert, geboren am 16. April 1977, trat am 01. September 2000 als Mitarbeiter im Kundenservice der Geschäftsstelle Illerbeuren in die damalige Raiffeisenbank Illerbeuren eG ein, deren Rechtsnachfolge wir angetreten haben. Herr Schubert wurde auch als Vertretung in den anderen Geschäftsstellen der Raiffeisenbank Illerbeuren eG eingesetzt.

Tätigkeitsschwerpunkt war die Kundenbedienung mit den Hauptaufgaben:

- Ein- und Auszahlungen; Kassenführung
- Abwicklung des Sparverkehrs (Sparbuchnachträge, Ausstellen v. Sparbüchern)
- Abwicklung des Zahlungsverkehrs (Scheckeinreichungen, Überweisungen, Lastschriften)
- Bearbeitung von Daueraufträgen (Neuanlage, Änderungen, Löschungen)
- Erkennen von Beratungsbedarf, Durchführen einfacherer Kundenberatungen bzw.
  Weiterleitung an die Kundenberater

Auf Wunsch von Herrn Schubert und aufgrund der Bedarfslage der Bank wurde er ab August 2001 in der Zahlungsverkehrabteilung unserer Bank eingesetzt.

Zu den Hauptaufgaben gehören hier die Bearbeitung von Zahlungsbelegen, Überweisungen und Lastschriften, Scheckbearbeitung und Retouren.

Herr Schubert hat sich in beiden Tätigkeitsfeldern stets mit Interesse auf die jeweiligen Aufgaben eingestellt. Er arbeitete engagiert und zeigte sich immer bereit, Neues anzunehmen. In der Kassenführung war er stets ehrlich und gewissenhaft. Die ihm übertragenen Aufgaben hat er stets zu unserer vollen Zufriedenheit erledigt.

Wir haben Herrn Schubert als freundlichen Mitarbeiter kennengelernt, der in seinem Verhalten gegenüber Kunden, Vorgesetzten und Kollegen immer höflich und korrekt war.

Herr Schubert scheidet zum 28. Februar 2002 aus unserer Bank aus. Wir wünschen Ihm für die Zukunft viel Erfolg und persönlich alles Gute.

Volksbank-Raiffeisenbank
Memmingen-Unterallgäu eG

Vorstand: Alfred Brugger, Anton Doll, Josef Wirth, Norbert Schluck, Günther Wanke
Vorsitzender des Aufsichtsrates: Richard Zettler · Registergericht Memmingen Nr. 501

Ich weiß, dass ich, wenn ich der Bundeskanzlerin schreibe, also die höchste Stelle in Deutschland anschreibe, eingebuchtet werden kann, fange ich es falsch an. Das Schreiben an sie soll die allerletzte Möglichkeit sein, mich aus einer fatalen Situation zu befreien. So schrieb ich der Kanzlerin und ich verbesserte immer wieder, startete noch mal neu mit dem Schreiben. Es ist wie Heroin, wenn ich ein so hohes Amt anschreibe, ich habe selbst noch keines genommen, aber ich war wie „high" als ich das Schreiben begann. Man fühlt sich wie in einer anderen Welt. Auf einmal möchte man Großes verändern. Man lebt nur einmal und da ich gar keinen anderen Ausweg mehr hatte, blieb mir nur noch eine Wahl und das war, ganz oben anzufangen. Die Gerechtigkeit soll von oben nach unten durchschlagen, so wollte ich das damals. Dass mich, ich war ja nur ein kleiner Unternehmer, die Kanzlerin plötzlich kannte, oder zumindest etwas von mir wusste, ließ mich auf einer höheren Wolke fliegen, aber für mich war das damals ganz normal. Ob die Bundeskanzlerin nun wirklich Kenntnis von dem

Schreiben an sie genommen hat, weiß niemand, aber der Zusatz: „Die Kanzlerin hat mich gebeten, Ihnen zu antworten." – ist im Antwortschreiben beinhaltet.

Bundeskanzleramt

$=U$ *2007 DE*

Herrn
Bernd Schubert
Dr.-Miedel-Straße 16 A
87700 Memmingen

HAUSANSCHRIFT Willy-Brandt-Straße 1, 10557 Berlin
POSTANSCHRIFT 11012 Berlin

TEL +49 (0)1888 400-0
FAX +49 (0)1888 400-2357

AZ 412 - K - 603 644/07/0001

Berlin, 4. April 2007

Sehr geehrter Herr Schubert,

vielen Dank für Ihr Schreiben an Frau Bundeskanzlerin Dr. Merkel vom
18. März 2007. Bitte haben Sie Verständnis dafür, dass es der Bundeskanzlerin
angesichts der Vielzahl eingehender Schreiben leider nicht möglich ist, Ihnen
persönlich zu schreiben. Ich bin gebeten worden, Ihnen zu antworten.

Wenn ich auch Ihre Sorgen nachvollziehen kann, so muss ich Sie dennoch um
Verständnis dafür bitten, dass der Bund in dieser Angelegenheit nicht eingreifen
kann: Die Vergabe von Aufträgen zwischen privaten Unternehmen bestimmt sich
nach den Regeln des Zivilrechts. Sofern es sich bei dem angesprochenen Allgäu-
Airport bzw. dem Klinikum Memmingen um öffentliche Auftraggeber handelt,
bestimmt sich die Vergabe von Aufträgen nach dem Vergaberecht des Landes
bzw. der Kommune, da beide Einrichtungen keine Bundesbehörden sind. Die
Bundesebene kann hierauf keinen Einfluss nehmen.

Deshalb kann ich Ihnen nur anheim stellen, sich mit den zuständigen Landes- und
Kommunalbehörden in Verbindung zu setzen und vor Ort alle Möglichkeiten
auszuschöpfen, um Ihre Belange zu vertreten.

Manchmal ist es sehr schwierig, bei einem sich ändernden Markt Alleinstellungs-
merkmale zu entwickeln und Kundenbeziehungen aktiv zu gestalten, um sich von
den Wettbewerbern zu differenzieren. Erlauben Sie mir deshalb, sie auf die

Beratungsförderung des Bundesamtes für Wirtschaft und Ausfuhrkontrolle (BAFA) aufmerksam zu machen. Existenzgründer und junge Unternehmer können z. B. zur Anpassung ihres Marketingkonzeptes durch einen professionellen Unternehmensberater Zuschüsse zu den vom Unternehmensberater in Rechnung gestellten Beratungskosten erhalten.

Nähere Informationen zur Beratungsförderung sowie zu anderen ggf. für Sie in Frage kommenden Förderprogrammen erhalten Sie bei der Finanzierungshotline des Bundesministeriums für Wirtschaft und Technologie, die Sie montags bis freitags von 9.00 Uhr bis 16.00 Uhr unter der Rufnummer 030/18615-8000 erreichen können.

Ich würde mich freuen, wenn es gelingt, eine befriedigende Lösung für Ihren Fall zu finden.

Mit freundlichen Grüßen
Im Auftrag

Sabine Fabian

Bernd Schubert
Dr.-Miedel-Straße 16 A
87700 Memmingen
geb. 16.04.1977

Memmingen, 18.03.2007

Bundeskanzleramt
z. Hd. Frau Bundeskanzlerin
Angela Merkel

11012 Berlin

Sehr geehrte Frau Merkel,

ich weiß, Sie sind eine vielbeschäftigte Frau, trotzdem möchte ich Sie bitten, sich meines hier
kurz geschilderten Problems anzunehmen.

Nachdem ich als gelernter Industrie- und Bankkaufmann wegen Personalabbaus im Jahre
2002 keinen Arbeitsplatz mehr bekam, bin ich bis zum Jahre 2006 überwiegend arbeislos
gewesen. Ich entschloß mich dann Anfang 2006, als Taxi-/Mietwagenunternehmer
selbstständig zu machen, da es vollkommen aussichtslos war, als Kaufmann noch einen
Arbeitsplatz zu bekommen.

Seit über einem Jahr betreibe ich nun einen Fahrservice in Memmingen. Ich darf hier
Personen von A nach B fahren, genauso wie ein Taxiunternehmen.
Von meinem Unternehmen, das vom Gewerbeamt auch als „Mietwagenunternehmen"
bezeichnet wird, obwohl es mit Mietwagen nichts zu tun hat, können Sie sich unter
www.fahrservice-schubert.de im Internet ein Bild machen.

Als geprüfter Taxi-/Mietwagenunternehmer eröffnete ich also ein Mietwagenunternehmen, da
Taxikonzessionen von der Stadt nicht vergeben wurden. Mit günstigen Preisen bei den
Krankenkassen erledigten meine Fahrer und ich zuverlässig Patientenfahrten, die den größten
Anteil an meinem Unternehmen ausmachen.

Für mein Unternehmen habe ich im Laufe des Jahres 2006 drei Fahrzeuge angeschafft, die in
Raten bei der Bank abbezahlt werden. Diese Fahrzeuge sind nötig, da die Behandlung der zu
fahrenden Dialysepatienten, zur gleichen Zeit beginnt und endet.

Fahrten für Krebspatienten zur Bestrahlung, die für mich weitere Fahrstrecken bedeuteten,
fielen ab Anfang diesen Jahres weg, da das Krankenhaus unserer Stadt jetzt eine eigene
Bestrahlungseinrichtung bekommen hat.

In ein paar Monaten wird der Regionalflughafen in Memmingen fertig gestellt sein. Hier sind
Fahraufträge zu erwarten. Schon seit mehreren Monaten korrespondiere ich mit der
Geschäftsleitung des Allgäu-Airports.

Ich habe meinen zuverlässigen Fahrservice angeboten mit ausführlicher Beschreibung meiner drei geräumigen Fahrzeuge. Ich wurde vollkommen übergangen, das größte Taxiunternehmen in Memmingen, hat seit einiger Zeit eine Autowerbung vom Allgäu-Airport bekommen und einen Werbehinweis auf der Allgäu-Airport-Internetseite. Mich hat der Allgäu-Airport auf meine schriftlichen und telefonischen Anfragen immer nur hingehalten und auf meine letzte Anfrage habe ich überhaupt keine Antwort mehr bekommen. Der Allgäu-Airport hat schon seit Ende letzten Jahres Fahraufträge zu vergeben, aber diese Aufträge werden grundsätzlich nur diesem einen Taxiunternehmen zugeteilt.

Das gleiche gilt für das Klinikum in Memmingen. Meinen letzten Fahrauftrag bekam ich im Dezember letzten Jahres. Obwohl dort laufend Verlegungsfahrten anfallen, werden immer nur die gleichen Taxiunternehmen angerufen.

Die AOK hat im letzten Jahr dadurch, dass sie Fahraufträge, bei denen sie vorher die sonst üblichen Preise gedrückt hatte, an mich vergeben, und somit rund 10.000,00 Euro eingespart. Mir fehlt dieses Geld. Es wurden beispielsweise bei Bestrahlungsfahrten von Krebspatienten, bei der der Patient nach Behandlung gleich wieder nach Hause gebracht wurde, nur die Hinfahrt bezahlt – alle anderen Krankenkassen vergüteten Hin- und Rückfahrt.

Schon des öfteren musste ich von Angestellten bei Krankenkassen hören, dass unsere Taxiunternehmer bei den Krankenkassen „gewisse Geschenke" machen, um Aufträge zu bekommen.
Wie soll ein Jungunternehmer wie ich bestehen können, wenn unsere Taxiunternehmer mit solchen „Bestechungsmethoden" arbeiten dürfen?

Autowerkstätten, Tankstellen, Banken usw. verdienen ebenfalls sehr gut an meinem Unternehmen, was ich jetzt nicht weiter ausführen möchte.

Taxiunternehmen zahlen ans Finanzamt 7 % ihrer Taxieinnahmen. Das Finanzamt bekommt ganze 19 % der Fahreinnahmen meines Mietwagenunternehmens, obwohl hier die gleiche Arbeit verrichtet wird, wie von Taxiunternehmen. Wo ist da die Gerechtigkeit?

Wie soll ich unter solchen Umständen und mit derartigen Hindernissen ein Taxi-/ Mietwagenunternehmen über Wasser halten?

Können Sie mir dazu eine unterstützende Anwort geben, Frau Merkel?

Meinen herzlichsten Dank, dass Sie sich für meinen Brief Zeit genommen haben.

Mit freundlichen Grüßen

Bernd Schubert

Das eigene Ansehen im sozialen Umfeld kann man vergessen, beendet man, wie ich, sein Taxi-/Mietwagenunternehmen aufgrund eines Auftragseinbruchs. Die Folge ist dann, dass man mit mehreren Zehntausend Euro Schulden in die Schuldenfalle getappt ist und es ist schwer, sich da wieder herauszuarbeiten. Dass ein Unternehmen, wie bei mir, schon nach zwei Jahren wieder geschlossen werden muss, kann ja normalerweise nicht sein. Die Marktsituation hat sich so extrem verändert, sodass das Beenden meines Unternehmens nach kurzer Zeit leider sein musste. Hier wäre es von Interesse, hätte Deutschland ein Aufbauprogramm für Angehende Selbstständige, eine Schulung in der einem vermittelt wird, auf was man alles zu achten hat. In meiner Angelegenheit schloss ich das Geschäft wegen schlechter Fahrzeuge, überhaupt keine Aufträge vom Allgäu Airport, obwohl ich mich mehrmals darum bemüht habe, der Krankenkasse AOK, die ihre Fahrten plötzlich zu Schandpreisen im Internet versteigerte und eines Klinikums, das ihre Fahrten nur bestimmten Taxiunternehmen gab. Das war zu viel für das Unternehmen.

Landes- und Kommunalbehörden würden sowieso nichts ändern und mir einen Vorteil verschaffen. So schrieb ich einem weiteren Politiker, Herrn Erwin Huber, der Bayerische Wirtschaftsminister. Leider fertigte mich auch dieser sehr schnell ab. Als Antwort bekam ich, dass ich mich in Zeitschriften schlau machen solle und dass das Klinikum Memmingen wegen der Ungerechtigkeit bei der Verteilung der Fahraufträge überprüft wurde. Ich wartete lange Zeit ab, aber es blieb, was die Fahraufträge betraf, alles beim alten.

Fahrservice Schubert

Krankenfahrten · Flughafentransfer · Kurierdienst
Bernd Schubert · Fahrservice · Dr.-Miedel-Straße 16 A · 87700 Memmingen

Inh.: Bernd Schubert
Zentrale:
Dr.-Miedel-Straße 16 A

87700 Memmingen
Telefon: 08331/9274424
Handy: 0176/20160334

eMail:
fahrservice-schubert@web.de

- IK-Nr. 600967793 -

Bayerisches Staatsministerium
für Wirtschaft
z. Hd. Erwin Huber
Prinzregentenstraße 28

80538 München

Datum: 09.06.07

Sehr geehrter Herr Huber,

am 13.12.05 absolvierte ich erfolgreich bei der IHK-Schwaben meine Prüfung zum Taxiunternehmer.
Ich ließ mich damals auch sofort auf die Warteliste der zu erteilenden Taxikonzessionen in meiner
Stadt eintragen, an 1. Stelle, da sonst außer mir niemand eine Konzession beantragte.

Mit meinem Mietwagenunternehmen Fahrservice Schubert (eine Übergangslösung bis zur Erteilung
der Taxikonzession), bin ich nun finanziell am Ende, wegen Auftragsrückgang und erzwungener
Niedrigfahrpreise die gerade von der AOK Bayern aufgebracht wurden.

Mein Schreiben ans Bundeskanzleramt, mit der Bitte um Unterstützung o. ä. schlugen fehl, mir wurde
lediglich eine „Hotline" angeboten.
Meine Heimatstadt möchte mir keine Taxikonzession erteilen, so dass mir nichts anderes übrig bleibt,
als bei der Agentur für Arbeit Sozialhilfe zu beantragen.

Mit Interesse sehe ich einer Antwort Ihrerseits entgegen.

Mit freundlichen Grüßen

Bernd Schubert

Anlage
Schreiben v. 18.03.07 incl. Antwort

Der Fahrservice, bei dem mich viele verachteten, seinen es Auftraggeber oder Kunden, die nur auf die billigen Preise aus waren, war mein Leben. Es handelte sich um einen Fahrservice, der einem Taxiunternehmen glich. Man durfte sich eben nicht „Taxi" nennen und man konnte nur überleben, wenn man die Kunden mit billigen Preisen fuhr. Nichts blieb nach zwei Jahren Tätigkeit. Keines der drei Autos, kein einziger Euro auf dem Sparkonto. Zum Schluss verabschiedete sich auch die Freundin.

Nach vier Wohnungen, da mir keine richtig gefiel, habe ich nun nach meinem Fahrservice Wohnung Nummer fünf. Hier kann man es einigermaßen aushalten. Im Vergleich zu den vorigen Wohnungen ist es an und in dieser Wohnung ruhig und sie ist lebenswert.

Ich fühlte mich schon für etwas besonderes, als ich Angela Merkel wegen einer Wohnung schrieb. Vielleicht konnte ich auch einen Arbeitsplatz im politischen Bereich über die Bundeskanzlerin bekommen. Eventuell dachte sie an sowas, ich habe ihr ja über einige Anlagen, die ich ihr beigefügt habe, mitgeteilt, dass ich arbeitslos war. An dem Tag, an dem ich mir Berlin anschaute, fand ich keinerlei Immobilienbüros an den Straßen, an denen ich lief. Ich fragte eine Passantin, ob es hier irgendwo ein Immobilienbüro gibt, aber diese meinte nur: „Da müssen Sie weiter schauen." Begonnen habe ich den Berlin-Tag, nachdem ich durchs Brandenburger Tor gelaufen bin, im Cafe Einstein. Dort nahm ich ein Frühstück zu mir. Ich habe Berlin mit dem Ziel, so viel Sehenswürdigkeiten sehen zu können, wie möglich, abgelaufen und nach dem Motto besucht: Laufen was geht. Meine Turnschuhe waren dann ebenfalls abgelaufen. Den Berliner Dom und das Rathaus streifte ich. In einem kleinen Bistro im Zentrum Berlins trank ich noch einen Cappuccino. Ein nett aussehendes, junges Mädel verließ dann später das Restaurant mit mir. Sie kuckte mich noch lieb an, als sie auf ihr Fahrrad stieg und ich wollte sie eigentlich noch fragen, wo sich das nächste Immobilienbüro in Berlin befand, aber, wenn ich ehrlich zu mir selbst war, wollte ich diese junge Dame nicht mit so etwas belasten. Ich wollte Berlin dann wieder verlassen und betrachtete beim Rückweg noch ein beeindruckendes, russisches Gebäude. Ich glaube, es handelte sich um ein Konsulat oder eine Botschaft Russlands. Wieder am Brandenburger Tor angekommen, betrat ich in der Nähe davon noch ein ansprechendes Cafe. Dort nahm ich noch einen Kuchen als Stärkung zu mir und steuerte draußen dann den Berliner Bahnhof an. Das war mein Tag in Berlin. Im Zug dachte ich mir, Berlin ist die Stadt der unbegrenzten Möglichkeiten. – Wie Amerika.

50 Interessenten kommen auf eine Wohnung. Das habe ich selbst bei meiner Wohnungssuche in Memmingen feststellen müssen. Jetzt haben wir aber auch immer mehr Ausländer, die unsere Regierung ins Land lässt. Ein Nicht-Deutscher will natürlich dann in Deutschland bleiben, egal um welchen Preis. Dadurch werden die Chancen, als Deutscher im eigenen Land eine Wohnung zu bekommen, logischerweise immer geringer. In München habe ich mitbekommen, dass Mieter nicht aus ihrer teuren Wohnung herauskommen und nur noch 20 Euro im Monat übrig haben, davon sollen sie dann Päckchensuppe kaufen. In eine Tafel trauen sich viele von ihnen nicht, da

man sie dort kennen könnte. Auch ist es sehr herabwürdigend, in eine Tafel zu gehen. Wenn wir in Deutschland Wohnblöcke hinstellen, solche wie die, in denen ich eine bezahlbare Wohnung habe, dann ist die Wohnungsnot schnell überwunden. Block auf Block auf Block. In den 70er-Jahren hat man nicht so teuer gebaut. Für Wohnblöcke dieser Bauart, wäre bestimmt noch Geld vorhanden. Einwanderer können sich von ihrem Taschengeld sogar Goldkettchen kaufen. Im Bekleidungsgeschäft dürfen sie sich den teuren Pulli raussuchen. Nur für die eigenen Leute hat man in Deutschland nicht das Geld, dass diese durch brauchbare Wohnungen gut leben können.

Bundeskanzleramt, 11012 Berlin

Herrn
Bernd Schubert
Werkstraße 5 B
89257 Illertissen

HAUSANSCHRIFT	Willy-Brandt-Straße 1, 10557 Berlin
POSTANSCHRIFT	11012 Berlin
TEL	+49 30 18 400-0
FAX	+49 30 18 400-2357
E-MAIL	poststelle@bk.bund.de

012 – K 601 654/11/0001   Berlin, 19. September 2011

Sehr geehrter Herr Schubert,

Bundeskanzlerin Dr. Angela Merkel hat mich gebeten, Ihnen für Ihr Schreiben vom 14. September 2011 zu danken.

Wenn ich Ihr Schreiben richtig verstehe, möchten Sie nach Berlin ziehen und bitten die Bundeskanzlerin um Unterstützung bei der Wohnungssuche.

Leider ist es schon aus zeitlichen Gründen nicht möglich, dass die Bundeskanzlerin in Ihrem Sinne tätig wird.

Das Internet hilft Ihnen da vielleicht mehr. Schauen Sie doch unter

www.null-provision.de/mietwohnung,Berlin/berlin.html

oder einer anderen Internet-Adresse nach. Dort werden auch Wohnungen, die Ihrer finanziellen Vorstellung entsprechen, angeboten.

Die Bundeskanzlerin wünscht Ihnen viel Erfolg bei der Wohnungssuche.

Die eingereichten Unterlagen lasse ich Ihnen wieder zugehen.

Mit freundlichen Grüßen

Sabine Simons

Nach meiner Selbstständigkeit besuchte ich Wien. Was von meinem Fahrservice noch übrig war, war ein Kia Carnival und mein bisschen Hausrat, den ich einlud. In Wien angekommen, machte ich mich daran, eine billige Unterkunft zu finden. Nachts konnte ich mich weder in Zeitungen, noch in Büros über Wohnungen in Wien schlau machen, sodass ich, ohne in Wien irgendwo einzukehren, oder halt zu machen, außer an einer Tankstelle, wieder die Rückfahrt antrat. Wien hätte mir zum Leben schon gefallen, von den Leuten her und mit meinem österreichischen Namen „Schubert"…

Auf meine missglückte Selbstständigkeit folgte dann eine von einem Richter angeordnete Betreuung, auf die ich nicht näher eingehen möchte. Mag sein, dass es gut so war, mag sein, dass es einfach nichts war.

Nach dieser Betreuungsanordnung zog ich erst mal nach Illertissen um. In Illertissen und Umgebung hatte ich meine Freunde. Das gefiel mir sehr gut und auch, dass ich dort wohnen konnte. Ich besuchte Festzelte und Konzerte, die hier stattfanden. Somit war ich in Illertissen wirklich zufrieden. Leider gab es mit den Mietern, die in dieser Wohnanlage über mir wohnten, Streitigkeiten wegen Ruhestörung. In diesem Hause war ich der Leidtragende und später, also nach ein paar Jahren, sollen angeblich der Mieter mit seiner Frau, die in dem Anwesen wohnten, in das ich in Memmingen gezogen bin, die Leidtragenden gewesen sein. Ich hätte hin und wieder die Musik zu laut gehabt. An dem Tag, an dem die Mieter, die sich gestört fühlten, dann die Polizei holten, stellte ich die Musik so ein, dass sie nicht mal im Hausflur zu hören war. Ich machte meine Wohnung etwas sauber, so ist vielleicht einmal etwas umgefallen oder ich bin an etwas hin gestoßen. Dass die Polizei dann aber mit den komischen Mietern über mir an der Wohnungstür vor mir stand, ist mir heute noch ein Rätsel. Was folgte, war eine saftige Geldstrafe. Wofür?

Ich benachrichtigte Angela Merkel. Bei einem brutalen Vorgehen ist für mich und ich glaube auch für andere Bundesbürger interessant, ob es einen Gerichtsrevisor gibt. Vom Gericht wurde ich ja überrumpelt, d. h., mein Widerspruch wurde abgelehnt.

Ein Bürohengst aus dem Bundeskanzleramt beantwortete dann mein Schreiben mit den beigefügten Unterlagen, wie das gerichtliche Strafgeld sowie die Absage meines Widerspruchs von der Staatsanwaltschaft.

 Bundeskanzleramt

G20 GERMANY 2017
HAMBURG

Bundeskanzleramt, 11012 Berlin

Herrn
Bernd Schubert
Gerberplatz 5
87700 Memmingen

HAUSANSCHRIFT Willy-Brandt-Straße 1, 10557 Berlin
POSTANSCHRIFT 11012 Berlin

TEL +49 30 18 400-0
FAX +49 30 18 400-2357
E-MAIL poststelle@bk.bund.de

012-K-100 133/17/0009   Berlin, 14. Juli 2017

Sehr geehrter Herr Schubert,

Ihr jüngstes Schreiben vom 10. Juli 2017 hat das Bundeskanzleramt erreicht. Sicherlich war Ihnen – wie auch schon beim zurückliegenden Schriftverkehr - die Aufgabenstellung des Bundeskanzleramtes und der Bundeskanzlerin nicht hinreichend gegenwärtig.

Die Bundeskanzlerin bestimmt die Richtlinien der Politik (Artikel 65 Grundgesetz), das Bundeskanzleramt unterstützt sie hierbei.

Ihre persönlichen Lebens- und Rechtsangelegenheiten, wie Sie sie etwa in Ihrem aktuellen Brief schildern, sind nicht Gegenstand einer Bewertung oder eines Eingriffs durch die Bundeskanzlerin oder durch die Bundesregierung.

Die Bundeskanzlerin führt auch keine Rechts- und Lebensberatung durch, sie klärt auch nicht, wer über Ihnen wohnt.

Ich darf Sie daher bitten, um Ihnen und dem Bundeskanzleramt künftig unnötigen Korrespondenzaufwand zu ersparen, sich nur mit solchen Angelegenheiten an das Haus zu wenden, die in erkennbarem Zusammenhang mit der Aufgabe und der Arbeit der Bundeskanzlerin stehen.

Mit freundlichen Grüßen

Thomas Rücker

An das Bundeskanzleramt, Berlin:

Sehr geehrte Damen und Herren,

ich wurde vom Polizeiwesen getäuscht.

Wie Sie aus beigefügten Unterlagen ersehen können, erhielt ich am 21.04.17 einen Bußgeldbescheid über 128,50 Euro. Am 29.06.2017 erhielt ich eine Kostenberechnung zusätzlich über 18,50 Euro. Vom Amtsgericht Memmingen erhielt ich am 12.06.17 ein Bußgeldverfahren gegen mich, Nr. …

Tathergang:

Herr …, der Mieter über mir und seine Ehefrau läuteten mit der Polizei, Polizist …, und einer Polizistin an meiner Wohnungstür.

Herr … (Mieter über mir) sagte vor der Polizei zu mir: Jetzt tun Sie nicht so, wir haben Ihnen einen Brief eingeschmissen.

Meine Musik, die ich laut Polizei und des undurchsichtigen Mieters über mir, der Mieter hat noch nie ein Wort mit mir gesprochen, zu laut gehabt hätte, die Musik war nicht einmal durch die Tür im Treppenhaus zu hören, störte die Mieter, über mir wohnend, und den Polizeibeamten und die Polizeibeamtin. Man würde die Musik von unten durch die Decke zu den Mietern über mir hören, obwohl die Musik auf Zimmerlautstärke von mir eingestellt war. Zusätzlich sagte Herr …, der Mieter über mir, vor der Polizei, dass ich den ganzen Tag schon poltern würde. Ich habe meine Wohnung sauber gemacht.

Der Polizeibeamte sagte, ohne MICH über den Tathergang zu befragen, zu mir: Sie bekommen eine Anzeige, aggressiv. Seine Unfreundlichkeit war nicht zu überbieten. Die beiden Polizisten wollten, dass ich noch irgendwas zum Tathergang sagte. Ich sagte: Gut, ich mache gar keine Musik. Die Polizisten gingen nach Hause. Dann schloss ich die Wohnungstür.

Gibt es einen Gerichtsrevisor für dieses Debakel?

Des übrigen möchte ich wissen, wer da über mir wohnt.

Freundliche Grüße

Bernd Schubert

Ich freute mich so außerordentlich, nachdem ich in einer kleinen 35 qm – Wohnung ein Buch verfasste. Es beschrieb meinen Lebensweg als junger Mensch und die Betreuung, die ich durchstehen musste. Da ich im punkto Erforderlichkeit der Betreuung direkt nach einer 2-jährigen Taxiunternehmer-Tätigkeit sehr ins Detail ging und sich mein Leben als junger Mensch sehr interessant anhört, wollte ich Frau Dr. Angela Merkel damit beglücken. Als junger Bub in so vielen Aktivitäten in Memmingen dabei zu sein, wie ich, das fand durchaus Anerkennung.

Die Goldmedaille beim Schwimmen, den 3. Gürtel im Karate, als Kämpfer beim Tennis in der 2. Junioren-Mannschaft und 3. Herren-Mannschaft, den Landessieg beim Zeichnen und Malen in der 5. und 6. Klasse und der Empfang im Memminger Rathaus aufgrund sagenhafter sportlicher Leistungen sowie Erfolge als Zeichner stärkten mein damals junges Leben. Stolz bin ich auch heute noch darüber. Ein Vorbild will man sein. Natürlich ist ganz klar die Betreuung, die ich mit 30 bekam, kein vorbildhafter Teil meines Lebens. Ich glaube aber, dass meine gesamte Verwandtschaft, und diese ist sehr groß, nicht mehr daran geglaubt hat, dass ich aus diesem Missstand in meinem Leben jemals wieder herauskomme. Die 13 Onkel und Tanten, die zahlreichen Cousins und Cousinen hatten mich schon vergessen, als ich die Bestätigung meines Arztes dem Amtsgericht übergab und damit die gerichtliche Betreuung beendet wurde. Taxi fuhr ich über Jahre hinweg, so gut es ging, und, um mir etwas Geld zu verdienen. Ich lernte die nettesten Leute kennen, sie lobten mich und sagten: „Endlich mal ein cooler Taxifahrer." Oder: „Gib uns eine Karte mit, wir fahren jetzt immer mit Dir." Oder: „Ich bin beeindruckt." Und: „Was machsch heut noch so?" – Sie wollte mit mir ins Bett gehen.

Frau Bundeskanzlerin Angela Merkel hat mein Buch gesehen, das wurde mir durch eine Bundeskanzleramts-Angestellte bestätigt.

 Bundeskanzleramt

G7 GERMANY
2015 / Schloss Elmau

Bundeskanzleramt, 11012 Berlin

Herrn
Bernd Schubert
Feystraße 3
87700 Memmingen

HAUSANSCHRIFT Willy-Brandt-Straße 1, 10557 Berlin
POSTANSCHRIFT 11012 Berlin

TEL +49 30 18 400-0
FAX +49 30 18 400-2357
E-MAIL poststelle@bk.bund.de

012-K-100 576/15/0001   Berlin, 30. Oktober 2015

Sehr geehrter Herr Schubert,

Bundeskanzlerin Dr. Angela Merkel hat mich gebeten, Ihnen für Ihr Schreiben
vom 16. Oktober 2015 und das beigefügte Buch „Die Betreuung eines Bankkaufmanns", zu danken.

Ihre Ausführungen wurden aufmerksam aufgenommen. Allerdings wird um Verständnis gebeten, dass aus grundsätzlichen Erwägungen für Ihr Buch nicht geworben werden kann.

Die Bundeskanzlerin wünscht Ihnen alles Gute.

Mit freundlichen Grüßen

Alexandra Teetz

Der Bericht von einer Zeitung, eines Magazins oder ein guter Kommentar zu dem Buch von einer bekannten Person können den Umsatz eines Buches vorantreiben. Frau Dr. Angela Merkel wollte sich zu dem Buch „Die Betreuung eines Bankkaufmanns" nicht äußern.

Das Gute war, dass ich zügig mit zwei neuen Werken angefangen habe. Ich habe gleich noch einen größeren Verlag für meine zwei neuen Bücher erwischt, so stehen die Chancen gut, dass diese auch verkauft werden.

Außerordentlich war für mich auch, dass ich den obersten der Memminger Gerichte, Herrn Prof. Dr. Thiere, wegen einer Besprechung über meine Betreuung und den Sinn darüber im Landgericht kennen lernen durfte. Auf schriftlichem Weg kannte ich später dann auch seinen Nachfolger, Herrn Landgerichts-Chef Melzer. Dessen Nachfolger, Herrn Dr. Ermer, wiederum wollte ich auch auf schriftlichem Weg kennen lernen. Ich gab den Brief an ihn aber nie bei der Post ab, da zu der Zeit keine Chance auf einen Schadensersatz aufgrund der erteilten Betreuung bestand. Vielleicht besteht nächstes Jahr Aussicht auf Schadensersatz, vielleicht in den nächsten Jahren, wenn sich die Gesetze geändert haben, vielleicht aber auch nie wieder. In die Zukunft kann man nicht schauen.

Zurück zu meiner Selbstständigkeit und meinem ersten Brief an Angela Merkel. Kann schon sein, dass das aufregende Dasein als Taxi-/Mietwagenunternehmer ist, wie ein Leben als Bankkaufmann, in dem man Aktien kauft und verkauft. – Heute kaufe ich wieder eine Aktie, heute geht's noch mal. – Im Taxiunternehmen heißt es: „Ich fahre heute noch mal raus, mit der Hoffnung, viele Fahrten zu haben." Etwas müde geht's in der Früh los. Hinein in den Kia Carnival oder den 530er BMW und Fahrtermine aus dem Tagesplan abfahren. Erst wenn man so ein Unternehmen hat, wird einem klar, wie hoch die Kosten für eine solche Firma sind. Vorher kann man das nicht abschätzen. Während die Preise der Fahrten bei einem Mietwagenunternehmen eher niedrig sind, man will ja möglichst viele Kunden fahren, sind laufende Kosten für tanken, der Krankenkassen-Versicherungsbeitrag   für

Selbstständige, Steuerberatungskosten, die Einkommenssteuer und Umsatzsteuer in einem Mietwagenunternehmen im Vergleich zu einem Taxiunternehmen, das ja nur 7 % Steuer zahlen muss, das Mietwagenunternehmen gleich 19 %, relativ hoch. Ungeahnt kam jetzt eine Reparatur nach der anderen auf mich zu. Ich fuhr ja mit gebrauchten Fahrzeugen, neue konnte ich mir nicht leisten.

Angela Merkel ist nicht bewusst, dass in Memmingen eine Ungerechtigkeit bei der Verteilung der Fahraufträge besteht. Also schrieb ich sie an. Was gerade Bayern nachgesagt wird, und so ist es auch schon in der Vergangenheit gewesen, ist, dass im Bundesland Bayern eine Vetternwirtschaft herrscht. Egal wohin ich mich wandte, das Klinikum, der Airport, die Krankenkassen und einzelne große Firmen, jedes mal war mein Auftragsvolumen von jenen Stellen sehr gering. Dieser oder jener kennt einen, der in der Auftragsabteilung beschäftigt ist, oder die Konkurrenz macht Geschenke beim Auftraggeber und schon blüht das Unternehmen auf der Gegenseite auf, dass es nur so eine Freude ist. Und ich kann als Konsequenz meine drei

Fahrzeuge mit Verlust verkaufen. Die eingebauten Taxameter und der eingebaute Taxialarm sind danach fast wertlos.

Die Bundeskanzlerin interessierte sich für mein Schreiben und mein Anliegen diesmal nicht so sehr oder sagen wir, nur ein Funke Interesse bestand, denn sie beauftragte eine Büroangestellte im Bundeskanzleramt insoweit, dass sie mir antworten soll. Deren Anstoß, ich möge alle Möglichkeiten bei den Kommunen ausschöpfen, um Recht zu bekommen, ist in einem Bundesland, in dem die Obrigkeit zu Mafiamethoden neigt, hoffnungslos.
Ich bin aber doch dankbar, dass ich Angela Merkel und ihre Büroangestellten auf diesem Wege einmal kennen lernen durfte.

Wohnung und Umgebung Nummer eins, die die ich zur Zeit meines Fahrservices hatte, brachten mich dazu, Frau Dr. Angela Merkel einen Brief zu schreiben.

Dieser Brief rettete mir meine Existenz. Ich musste direkt nach meinem Fahrservice-Unternehmen in eine von Staat und Richter angeordnete Betreuung. Kurz vor Ende meines Unternehmens löste ich meine Lebensversicherung auf, um 4.000 Euro zu erhalten. Als die Betreuung angeordnet war, widersprach ich der Betreuung beim Landgericht. Dem Richter beim Amtsgericht, der das Urteil für die Betreuung gefällt hatte, habe ich mein Schreiben an die Bundeskanzlerin vorgelegt. Das Schreiben ans Bundeskanzleramt wurde daraufhin ans Landgericht weitergeleitet und die Richter dort werteten das Schreiben ans Bundeskanzleramt als „krank". Es wurde auch schriftlich bestätigt. Mit der Bestätigung vom Landgericht, dem Schreiben an das Bundeskanzleramt und einer Stellungnahme meines Arztes wurde dann zum guten Glück meine aufgelöste Lebensversicherung wieder in Kraft gesetzt, aus der ich nun 450 Euro monatliche Frührente bekomme.

Die Antwort auf den gescheiterten Fahrservice ist also, dass ich wenigstens eine ausreichende Rente habe.

- So gesehen hätte mich die Stadt Memmingen, als ich die Konzession für mein Unternehmen beantragte, eigentlich gleich fragen können, ob ich in die Rente gehen will. -

Das Schreiben ans Bundeskanzleramt, das ich 2017 verfasste, ist wesentlich interessanter.

Einen Gerichtsrevisor gibt es nach meinem Kenntnisstand nicht. Darum ist es doch wichtig, dass man an höchster Stelle nachfragt, ob es einen Revisor oder Prüfer im Gericht gibt bzw. ob das nicht sinnvoll wäre. Bei mir liegt ja auch noch eine Auseinandersetzung vor, in der genau so etwas fehlt und mit der ich von Nachbar, Polizei und Gericht überrumpelt worden bin.

Wie im Antwortschreiben vom Bundeskanzleramt ersichtlich ist, führt Frau Dr. Merkel keine

Lebensberatung durch. Es gibt kein Amt in Deutschland, an das man sich in so einer Sache wenden kann. Es liegt Ungerechtigkeit vor und diese Ungerechtigkeit wird durch Staatliche Organe, wie Polizei und Gericht unterstützt.

Ich frage mich, in was für eine Welt ich gesetzt worden bin, in der es, wie in den Schreiben vom Bundeskanzleramt erkennbar, erstens, kein kleines Taxi-/Mietwagenunternehmen geben darf, zweitens, es eine so große Wohnungsnot in Deutschland gibt, dass man einfach keine günstige Wohnung bekommen kann, auch wenn es noch so dringend ist. Drittens, für ein Buch, in dem sogar die Kanzlerin vorkommt, sowie allgemeine Themen, wird nicht geworben, damit ist das Buch für den Autor, also mich, wertlos. Und viertens erfährt man bei einem Streit in einem Mietshaus keine Gerechtigkeit.

Einen Umzug wegen Streit mit den Nachbarn kann sich nicht jeder gleich leisten. Ist nicht sofort eine andere Wohnung mietbar, erfolgt weiterhin ein Kampf mit den Nachbarn, wie z. B. dass man sich nicht mehr anschaut, oder der Nachbar sucht immer noch Fehler bei einem Mieter und Gegner, der im gleichen Mietshaus wohnt. Ein Rechtsanwalt bringt einen in so einem Fall auch nicht besonders weiter, man muss ja weiterhin neben- oder übereinander wohnen. So eine Angelegenheit wird eigentlich als ausweglos bezeichnet, erhält man nicht bald eine passende Wohnung.

In einem Kreditinstitut ist ein Streit mit einem Kunden total fehl am Platz. Dass der Streit dann auch noch von einer Bankangestellten ausgeht, ist nicht zu begreifen. Wenn ich mein Geld von einer von mir ausgesuchten Bank verwalten lasse, dann erwarte ich, sollte ich einmal im Monat die Bankfiliale betreten, Freundlichkeit von den Bankangestellten. In diesem echt vorgefallenen Beispiel kann von Glück gesprochen werden, da ich nun eine Bank habe, die viel besser zu mir passt und die sich gleich um alles gekümmert hat, was angefallen war.

Fw: Bankangestellte

Von: Bernd Schubert

An: pp-sws.memmingen.pi@polizei.bayern.de ⊕

JPG 127072017 ☒ JPG 227072017 ☒ JPG ....hr Speicherplatz für Anhänge

🖶 💾 Vollansicht

28.07.2017 um 06:53 Uhr

PI Memmingen

Sehr geehrte Damen und Herren,

Wegen der Bankangestellten, Frau ⬜ habe ich bei Ihnen wegen Beleidigung eine Anzeige gemacht.

Ich füge Ihnen heute das Antwortschreiben von der Beschwerdestelle der ⬭ bei. Auch mein Antwortschreiben an die H⬭ Beschwerdestelle, füge ich Ihnen bei.

Es wird beim Antwortschreiben der Beschwerdestelle der ⬭ Falsches dargestellt. Die Aussage von der Bankangestellten, Frau Herin, wollen Sie Klorollen, als ich fragte, in der Bank, wohlgemerkt, ob ich Rollen haben könnte, ist für mich der Hohn.

Meine EC-Karte gab ich der Frau ⬜, die Frau ⬜ hat sie dann an Herrn ⬭ weitergegeben. Herr ⬭ hat sie mir dann wieder, nach der Aktion, ausgehändigt. Falsch ist, dass von den Bankangestellten, Frau ⬭ und Herrn ⬭, behauptet wird, dass ich meine EC-Karte nicht dabei gehabt hätte.

Nehmen Sie dies bitte zu Ihren Akten.

Vielen Dank im voraus.

Mit freundlichen Grüßen

Bernd Schubert

Herrn
Bernd Schubert
Gerberplatz 5
87700 Memmingen

Sehr geehrter Herr Schubert,

wir nehmen Bezug auf Ihr Schreiben vom 13. Juli 2017 an unseren Vorstand, in dem Sie Ihre Verärgerung über die Behandlung in der Filiale Memmingen geäußert haben. Als Beschwerdemanagement des Vorstands wurden wir mit der Beantwortung Ihres Anliegens beauftragt.

Wir bedauern sehr, dass Sie mit dem Service in unserer Filiale Memmingen nicht zufrieden waren. Selbstverständlich sind wir als Bank daran interessiert, unseren Kunden einen guten Service zu bieten.

Deshalb haben wir den Sachverhalt bei der verantwortlichen Filialleiterin, Frau [   ], angefragt und um eine Stellungnahme der betreffenden Mitarbeiter gebeten. Der Sachverhalt stellt sich jedoch anders dar, als von Ihnen geschildert.

Nach unseren Recherchen baten Sie bei Ihrem Besuch in der Filiale um die Rückgabe diverser Lastschriften. Da Sie keine Kontokarte dabei hatten und auch die Kontonummer nicht nennen konnten, musste unsere Schaltermitarbeiterin die Daten in der EDV suchen. Die von Ihnen genannten Aussagen können wir nicht nachvollziehen.

Aufgrund der mit der Kontonummernsuche verbundenen zeitlichen Verzögerung baten Sie um ein Gespräch mit dem Filialleiter. In diesem Gespräch wurden Sie auf die Vorgaben unseres Hauses zur Kontoführung im Rahmen unserer AGB hingewiesen. Ein Fehlverhalten der handelnden Mitarbeiter können wir vorstehend nicht feststellen.

Die von Herrn [   ] h erwähnten Hinweise zur Kontoführung bitten wir entsprechend zu beachten. Für künftige Filialbesuche empfehlen wir Ihnen die Mitnahme Ihrer [   ]B ecKarte. Lastschriftrückgaben können Sie auch selbständig mittels H[   ]DirectB@nking oder am sbTerminal veranlassen.

Zum Schluss erlauben Sie uns einen Hinweis: Sachliche Kritik nehmen wir jederzeit gern an. Wir halten einen angemessenen Ton für einen wichtigen Bestandteil einer partnerschaftlichen Geschäftsbeziehung. Wir bitten Sie höflich, dies bei Ihren nächsten Anliegen zu beachten

Mit freundlichen Grüßen

Bearbeitungsnummer 411701282/177858161 Frau H

Von: (Bernd Schubert)

An:

Bernd Schubert
Gerberplatz 5
87700 Memmingen
geb. 16.04.1977

Memmingen, 27.07.2017

Ihr Beschwerdeschreiben vom 25.07.17

Sehr geehrte Frau

in Ihrem Schreiben vom 25.07.17 führen Sie auf, dass ich die EC-Karte bei dem Bankbesuch bei dem es ein Problem mit Ihrer Bankangestellten, Frau   gegeben hat, nicht dabei gehabt hätte. Ich habe die EC-Karte bei jedem Bankbesuch dabei. Die Frau   hat mich nicht danach gefragt.

Frau   n hat absichtlich 5 Minuten provuziert, und nach 5 Minuten noch keine Aussage über mein Konto gegeben. Andauernd war Frau H   absichtlich unfreundlich zu mir, wenn ich etwas fragte.

Der Abteilungsleiter, H   , drohte mir an, er könne mir das Konto kündigen, es gab aber keinen Grund hierfür.

Mit freundlichen Grüßen

Bernd Schubert

Herrn
Bernd Schubert
Gerberplatz 5
87700 Memmingen

Datum
01. August 2017

Ihr Konto, Nummer: 15424827
Hier: Kontokündigung

Sehr geehrter Herr Schubert,

unter Hinweis auf Ziffer 19 unserer Allgemeinen Geschäftsbedingungen kündigen wir die Kontoverbindung und gegebenenfalls bestehende Kartenverträge bezüglich des oben genannten Kontos zum

06.10.2017.

Bitte sorgen Sie dafür, dass Ihr Zahlungsverkehr ab diesem Zeitpunkt nicht mehr über uns abgewickelt wird.

Teilen Sie uns bitte Ihre neue Kontoverbindung unter Angabe von IBAN und BIC (bei Konten im Ausland) mit, damit wir Ihnen das auf dem Konto bestehende Restguthaben zum Kündigungstermin überweisen können.

Die noch in Ihren Händen befindlichen Scheckvordrucke sowie die Kundenkarte/ ec-Karte/ Visa-Karte/ MasterCard, UniCredit Prepaidkarten sind dann spätestens zum oben genannten Zeitpunkt an uns zurückzugeben.

Nachfolgende Punkte zu Ihrer Information:
- Vorgemerkte Daueraufträge werden wir zum o. g. Zeitpunkt streichen, diese werden dann nicht mehr ausgeführt
- EC-/Kreditkarten werden wir zum o. g. Zeitpunkt sperren

Mit freundlichen Grüßen

Ihr KundenCenter

Es ist kaum zu glauben, wo die fiesen Leute überall sitzen. Ich habe meine EC-Karte dabei gehabt und der Filialleiter hat sie mir am Schluss wieder zurückgegeben. Es ist selbstverständlich, dass man da etwas lauter wird, wenn man verachtend behandelt wird und einem daraufhin noch angedroht wird, dass das Konto gekündigt werden kann. Dies wäre jetzt wieder ein Fall für die oberste Stelle in Berlin, Angela Merkel. Ein Girokonto ist lebensnotwendig. Es wurde von den Bankern irgendetwas zusammengelogen und über das Beschwerdemanagement des Kreditinstitutes wurden mir diese Lügen dann mitgeteilt. Einige Zeit später kündigten sie mir zusätzlich noch mein Konto. Berlin müsste davon Bescheid wissen, da es wieder keine Anlaufstelle gibt, an die man sich hier wenden kann. Hätte ich nicht, wie durch ein Wunder ein Girokonto bei einer anderen Bank bekommen, wäre in meinem Leben alles zusammengebrochen. Die Konkurrenzbank, bei der ich nun war, zog glücklicherweise noch vor dem Kündigungstermin der alten Bank das Konto, das neue Konto erhielt wieder ein Kreditlimit, mit dem Minussaldo ein. Ich wurde vom neuen Kreditinstitut so freundlich behandelt, man bot mir beim Beratungsgespräch etwas zu trinken an, und alles, was mit der Änderung des eingerichteten Kontos zu tun hatte wurde wunschgemäß ausgeführt. Ich fühlte mich nach langer Zeit wieder wie ein akzeptierter Bankkunde. Der Kunde ist König, heißt es ja.

Letztes Jahr bin ich jeweils für ein paar Monate bei der SPD und bei der CDU/CSU Mitglied gewesen. Ich habe die Mitgliedschaft bei beiden Parteien dann wieder gekündigt, weil ich keinen Nutzen darin gesehen habe.

In der SPD erreichte ich mit einem einzigen Schreiben gerade einmal, dass mir zuverlässig, regelmäßig der „Vorwärts" zugesandt wurde. Die SPD-Politiker möchten ihren Posten behalten und eine bessere Position möchten sie einem neuen SPD-Mitglied ja nicht anbieten, diese Position und Arbeitsstelle möchten sie schließlich selbst.

In der CDU/CSU verläuft es nicht anders. Dem damaligen bayerischen Ministerpräsidenten Horst Seehofer schrieb ich zwei drei Mal, aber man braucht nicht erwarten, dass das ganze dann persönlich beantwortet wird. Die Antworten von untergeordneten Angestellten beinhalten schon die einen oder anderen in irgendeiner Weise passenden Beschreibungen, nur abschließend kommen diese Leute dann mit einer Abweisung auf den Punkt.

Die Leser meines Buches könnten jetzt meinen, ich wäre bescheuert, wenn Angela Merkel´s Büroangestellte aus dem Bundeskanzleramt die Briefe von mir als teilweise nicht zutreffend bewerten, oder sie tun so, als würden sie etwas nicht verstehen. Sie senden ein Buch ohne großen Kommentar einfach zurück oder sie geben keine „richtige" Hilfe. In meinen Briefen sind nur allgemeine Themen angesprochen. Mein durchschlagendes Kontra heißt hier aber: Es ist sehr wohl bei der Bevölkerung von Interesse, ob ausreichend Wohnungen in Deutschland verfügbar sind. Auch der Begriff Gerechtigkeit darf kein Fremdwort sein. Des weiteren möchten junge Unternehmer das Geschäft und alles, was sie da eingesetzt haben, nicht aufgeben, nur weil der Staat einige wichtige Einzelheiten, auf die es drauf an kommt, nicht im Griff hat. Die Möglichkeit, für ein Buch zu werben und sei es noch so originell, sollte einem Buch-Autor im deutschen Staate nicht verbaut werden. Der Staat in unserem Heimatland steuert sämtliche eben angeführte Themen.

Bayerisches Staatsministerium des
Innern, für Bau und Verkehr

Herrn
Bernd Schubert
Gerberplatz 5
87700 Memmingen

Bayern.
Die Zukunft.

Ihr Zeichen, Ihre Nachricht vom	Unser Zeichen	Bearbeiter	München
08.07.2017	IC4-3618-8-5	Herr Vogginger	12.07.2017

E-Mail
stmi.polizeiverkehr@polizei.bayern.de

Verfolgung und Ahndung von Verkehrsordnungswidrigkeiten;
Beschwerde über Ruhestörung durch laute Kfz-Führer

Sehr geehrter Herr Schubert,

hiermit bestätigen wir den Eingang Ihres Schreibens vom 08.07.2017. Wir haben
das Polizeipräsidium Schwaben Süd/West gebeten, Ihr Anliegen zu prüfen und
Ihnen abschließend zu antworten. Weitere Nachricht werden Sie unmittelbar von
dort erhalten. Bis dahin dürfen wir noch um Geduld bitten.

Mit freundlichen Grüßen

Vogginger
Erster Polizeihauptkommissar

Polizeipräsidium Schwaben Süd/West

Sachgebiet PV 1

Polizeipräsidium Schwaben Süd/West- 87439 Kempten

Herrn
Bernd Schubert
Gerberplatz 5
87700 Memmingen

Ihr Zeichen	Ihre Nachricht vom	Unser Zeichen PV1-6420	Bearbeiter Frau Kögel	Kempten 16.08.2017

E-Mail
pp-sws.pp.pv1@polizei.bayern.de

Ihre Beschwerde vom 28.07.2017 gegen Beamte der Polizeiinspektion Memmingen

Sehr geehrter Herr Schubert,

wir bestätigen Ihnen den Eingang Ihres Schreibens vom 28.07.2017.

Wir haben dieses zuständigkeitshalber an die Polizeiinspektion Memmingen zur weiteren Bearbeitung übermittelt. Diese wird sich mit Ihnen in Verbindung setzen.

Mit freundlichen Grüßen

Kögel

Kögel
Polizeioberinspektorin

Hausanschrift: Auf der Breite 17
87439 Kempten

Öffentliche Verkehrsmittel:
Linie 10 Lauben (Rottachstr./Breite)
Linie 66 -Altusried (Rottachstr./Breite)
Linie 2 auf dem Bühl (Rottachstr./Friedhof)
Linie 8 Schwalbenweg Süd : (Rottachstr./Friedhof)

Telefon: 0831/9909-0
Telefax: 0831/9909-1499
Internet: www.polizeipraesidium-schwaben-sw.de
eMail: pp-sws.kempten.pp@polizei.bayern.de

Bankverbindung:
Bayerische Landesbank München
IBAN: DE74 7005 0000 0001 2792 82
BIC: BYLADEMM

Polizeiinspektion Memmingen

- Leiter -

Polizeiinspektion * Am Schanzmeister 2 * 87700 Memmingen

Herr
Bernd Schubert
Gerberplatz 5

87700 Memmingen

05.09.2017

Sehr geehrter Herr Schubert,

bezugnehmend auf ihre Mail vom 28.07.2017 an das StMI, Sachgebiet IC4 möchte ich Ihnen hiermit wie folgt Auskunft geben:

Mit dem Fahrer des Pk⬛⬛⬛⬛⬛⬛wurde Kontakt aufgenommen.

Dieser zeigte sich sehr einsichtig. Er gab an, dass es sich bei dem Fahrzeug um einen sehr PS-starken Wagen handelt und dieser beim Gas geben den für einen Sportwagen typischen Auspuffsound erzeugt.

Der Herr wurde mündlich verwarnt.

Für meine etwas verspätete Antwort bitte ich um Nachsicht, da ich mich bis vor Kurzem im Urlaub befand.

Mit freundlichen Grüßen

Eberhard Bethke
Polizeioberrat

Hausanschrift: Am Schanzmeister   **Telefon:**   08331 / 100 - 0
87700 Memmingen   **Telefax:**   08331/ 100-140
eMail: pp-schw.memmingen.pi@polizei.bayern.de

Die Polizei hat mehr Arbeit durch Anzeigen. Das freut die Polizei eigentlich. Die erste Anzeige habe ich gemacht, als ein Autofahrer eines schnellen Wagens wie in einem Autorennen von 0 auf 80 km/h im verkehrsberuhigten Bereich hinter und neben mir beschleunigte, die zweite Anzeige habe ich aufgegeben, nachdem ich vor einer Kneipe mit eigenen Augen mitbekam, dass ein Kneipengast beim überqueren der Straße von einem Raser fast überfahren worden wäre. In diesen Fällen möchte ich wissen, ob die beiden Raser eine Strafe vom Staat bekommen haben. Ich habe ja die Kennzeichen der beiden Autofahrer abgelesen, aber die Polizei konnte mir nur mitteilen, dass der eine Raser mündlich verwarnt worden sein, der andere Autofahrer konnte nicht verwarnt werden, da sich die Polizisten mit dem Fahrzeug das der Schnellfahrer hatte, nicht sicher waren. Beim zweiten Raser wurde also gar nichts weiteres unternommen. Vergleicht man einmal, was man mit mir gemacht hat, als die Nachbarn mich wegen einer Musik, die nicht einmal laut war, angezeigt haben und die Polizei sofort ein Bußgeld von 128,50 ausgesprochen hatte, so ist es lächerlich, wie mit den Rasern vorgegangen wurde. War ich für die Polizei hier nicht glaubwürdig genug und wieso werde ich auf der anderen Seite gleich zu einer Strafe von 128,50 verdonnert, obwohl die Polizei wegen der von den Nachbarn unterstellten zu lauten Musik erst einmal da gewesen ist?

Warum schreibe ich viermal dem Bundeskanzleramt? Ja natürlich, damit was besser wird. Vieles von mir angesprochene ist so sinnlos und ausweglos für mich und auch für eine Vielzahl von Mitbürgerinnen und Mitbürger. Aber ICH kann´s ja nicht ändern. Die Schreiben von verschiedenen Behörden und Ämtern veröffentliche ich hier mit diesem Werk, damit endlich mal in Deutschland etwas besser wird. Die Schriftstücke habe ich von diesen Stellen erhalten, also werden sie von mir auch an die Öffentlichkeit gebracht.

Ohne neues Denken kein zufriedenes und gesundes Vaterland.

Herstellung und Verlag:
BoD – Books on Demand, Norderstedt
ISBN: 978-3-7481-3305-6